La Batalla de las Termópilas

Una Guía Fascinante sobre una de las batallas más grandes de la Historia Antigua entre los espartanos y los persas

© **Copyright 2019**

Todos los derechos reservados. Ninguna parte de este libro puede reproducirse de ninguna forma sin permiso por escrito del autor. Los revisores pueden citar breves pasajes en las revisiones.

Aviso Legal: ninguna parte de esta publicación puede ser reproducida o transmitida de ninguna forma o por ningún medio, mecánico o electrónico, incluyendo fotocopias o grabaciones, ni por ningún sistema de almacenamiento y recuperación de información, ni transmitida por correo electrónico sin permiso por escrito del editor.

Si bien se han realizado todos los intentos para verificar la información proporcionada en esta publicación, ni el autor ni el editor asumen ninguna responsabilidad por errores, omisiones o interpretaciones contrarias de la materia en este documento.

Este libro es sólo para fines de entretenimiento. Las opiniones expresadas son las del autor solo y no deben tomarse como instrucciones u órdenes de expertos. El lector es responsable de sus propias acciones.

El cumplimiento de todas las leyes y regulaciones aplicables, incluidas las leyes internacionales, federales, estatales y locales que rigen las licencias profesionales, las prácticas comerciales, la publicidad y todos los demás aspectos de hacer negocios en los EE. UU., Canadá, el Reino Unido o cualquier otra jurisdicción, es responsabilidad exclusiva del comprador o del lector.

Ni el autor ni el editor asumen responsabilidad u obligación alguna en nombre del comprador o lector de estos materiales. Cualquier percepción leve de cualquier individuo u organización es puramente involuntaria.

Índice

INTRODUCCIÓN 1

CAPÍTULO 1: PREPARÁNDOSE PARA LA BATALLA DE LAS TERMÓPILAS..3

CAPÍTULO 2: LOS PERSONAJES PRINCIPALES DE LA BATALLA DE LAS TERMÓPILAS..9

CAPÍTULO 3: GRECIA Y PERSIA SE PREPARAN PARA LA BATALLA 13

CAPÍTULO 4: LA BATALLA DE LAS TERMÓPILAS: LA PRUEBA DE LOS SIETE DÍAS. 20

CAPÍTULO 5: MIENTRAS TANTO, EN ARTEMISIO 27

CAPÍTULO 6: DESPUÉS DE LA BATALLA DE LAS TERMÓPILAS 31

CAPÍTULO 7: LOS EJÉRCITOS GRIEGOS Y PERSAS 36

CONCLUSIÓN 43

BIBLIOGRAFÍA 47

Introducción

La batalla de las Termópilas es una de las batallas más famosas de la historia humana. Representó dos de las culturas más prominentes del mundo antiguo: el Imperio persa liderado por los aqueménidas y los griegos fragmentados, pero con un gran progreso cultural. También incluyó a algunos de los líderes más famosos de la historia, como el rey persa Jerjes I y el rey y general espartano Leónidas.

El drama de esta batalla ha sido glorificado por la gente casi desde el momento en que ocurrió. Más recientemente, ha sido objeto de muchas pinturas famosas que generalmente representan el famoso y último levantamiento de los griegos, específicamente de Leónidas y sus soldados espartanos. Además, la película 300 (2006) se basa en la batalla de las Termópilas, que muestra cómo este evento aún vive en nuestra memoria colectiva.

Esta glorificación es apta solo porque la batalla fue de hecho un momento importante en un conflicto mucho más grande conocido como las guerras greco-persas. Sin embargo, los griegos perdieron esta batalla. De hecho, fue una matanza. Si no hubiera sido por la buena fortuna, así como por una ventaja en términos de equipamiento y técnicas de combate, la batalla de las Termópilas podría haber pasado a la historia como el principio del fin para una de las grandes civilizaciones del mundo.

Pero esto no sucedió. Los griegos lograron cambiar las tornas de los persas poco después de la batalla de las Termópilas, y esta batalla se entendió como un símbolo de orgullo e independencia griega, más que como una verdadera destreza militar.

De hecho, la historia de los griegos en la batalla de las Termópilas es heroica. Contra todo pronóstico insondable, los griegos defendieron el estrecho paso de las Termópilas durante siete días, y la mayoría de los soldados que estaban allí lograron escapar para fortificar el resto de la línea griega. Solo un pequeño contingente de soldados se quedó con el rey espartano Leónidas, y finalmente fueron invadidos y destruidos.

La razón por la cual esta batalla se ha vuelto tan famosa, es que estos soldados estaban dispuestos a morir más que a rendirse ante los persas. Representa un símbolo de lo que la gente haría para proteger su libertad y su tierra natal. Claro, gran parte de nuestro recuerdo glorificado de la batalla de las Termópilas es considerado como falso, pero nadie puede negar que los griegos y los persas, a finales de agosto o principios de septiembre de 480 a. C., libraron una de las batallas más relevantes en una de las guerras más importantes de la era antigua.

Capítulo 1: Preparándose para La Batalla de las Termópilas

Al estudiar la batalla de las Termópilas, siempre debemos recordar que, a pesar de la gran sombra que arroja en nuestra memoria histórica, fue solo una batalla dentro de una guerra mucho más grande. La guerra o, quizás, mejor dicho, las guerras libradas entre los griegos y los persas entre 490 a. C y c. 449 a. C. fueron el producto de la expansión imperial del siglo VI de Persia, y luego moldearon el curso de los siglos V y IV. Como resultado, para comprender realmente el significado de la batalla de las Termópilas, es importante estudiar un poco las guerras greco-persas.

La guerra comienza en Ionia

Persia se basó en el Irán moderno, y en el mundo de hoy, los persas y los griegos parecen estar muy separados. Pero en el mundo antiguo, donde el poder, la riqueza y la seguridad estaban directamente vinculados a la expansión territorial, las dos culturas entraron en contacto entre sí muy temprano.

La escena del primer conflicto militar directo entre Grecia y Persia tuvo lugar en el territorio actual de Turquía. Los griegos, en su mayoría los de Atenas y Ática, la región circundante, habían emigrado a través del mar Egeo durante el último milenio antes de Cristo en busca de alivio de la sobrepoblación y la escasez de tierras agrícolas que asolaba Atenas. Estas ciudades griegas operaban de manera independiente, aunque muchas de ellas dependían de ciudades en la Grecia continental para protección y comercio, principalmente Atenas, Tebas, Corinto y, en menor medida, Esparta.

En el siglo VII a. C., el reino de Lidia controlaba la parte del oeste de Asia donde se encuentra Turquía hoy en día, conocida como Asia Menor. Durante este tiempo, los griegos jonios experimentaron bastante autonomía, y mantuvieron una liga que les permitió apoyarse mutuamente, así como compartir elementos culturales comunes. Sin embargo, a mediados del siglo VI (550 a. C.), los persas subieron al poder con Ciro el Grande, quien, después de conquistar Media y Babilonia, logró también subyugar a Lidia.

Esto amenazó la autonomía jónica, y aunque terminaron aceptando el dominio persa, nunca se asimilaron por completo al Imperio persa y resultaron bastante difíciles de gobernar. La resistencia era fuerte y, a principios de siglo, 499 a. C., los griegos jonios se encontraban en una revuelta a gran escala.

Sin embargo, no hicieron esto solos. Aristágoras, el gobernante tirano de la ciudad-estado Mileto, se asoció con el sátrapa persa, Artafernes, el hermano del rey persa, Darío I, para invadir la ciudad isleña de Naxos. Pero falló, y temiendo que Darío lo castigara, trató de adelantarse al rey persa alentando a los ciudadanos de Jonia a rebelarse contra el gobierno persa. Al ver esto como una oportunidad para obtener más independencia, las ciudades jónicas respondieron a Aristágoras y eliminaron del poder a los gobernadores persas. Muchas ciudades jónicas recibieron el apoyo de sus amigos en Grecia continental, lo que complicaría aún más las relaciones greco-persas.

Sin embargo, este éxito griego inicial fue seguido por una derrota aplastante. Darío I estaba furioso con las acciones de Aristágoras y del resto del mundo griego que había ofrecido ayuda a los jonios. Hizo que su hermano, Artafernes, reuniera un ejército y pasó los siguientes seis años haciendo campaña en toda Asia Menor para sofocar las rebeliones que Aristágoras había incitado.

Para el año 493, los jonios habían sido derrotados y volvieron a estar bajo control persa. Pero Darío no estaba satisfecho. Buscó vengarse de las ciudades griegas que habían ofrecido su apoyo a los jonios y, a sus ojos, lo obligó a ir a la guerra para defender su imperio.

Hoy, la mayoría de los estudiosos están de acuerdo en que la Revuelta jónica constituye la primera parte de las guerras greco-persas, y Jonia jugó un papel importante durante la primera mitad del conflicto de cincuenta años entre los persas y las ciudades-estado griegas.

La Batalla de Maratón

De las ciudades-estado griegas que brindaron apoyo a los jonios, los persas veían a los atenienses y los eritreos como los principales delincuentes. Como resultado, Darío I convirtió a estas dos ciudades en los objetivos principales de su invasión a Grecia.

Después de pasar un tiempo reuniendo un ejército y preparándose para la guerra, los persas finalmente entraron en Grecia en 490 a. C. Los persas cruzaron a Europa en Helesponto y se dirigieron hacia el oeste a través de Tracia y luego hacia el sur a Macedonia, subyugando las ciudades por las que pasaban. Los griegos hasta este punto estaban presentando poca resistencia, y los persas marchaban esencialmente sin oposición a Grecia.

Cuando los persas llegaron a Eritrea, la saquearon y la quemaron hasta los cimientos. Este era uno de los dos objetivos que Darío quería alcanzar, así que ahora los persas volvieron a poner su atención en Atenas. Superados en número, las posibilidades de victoria griega no eran grandes. Pero liderados por su general, Milcíades, salieron a encontrarse con los persas en la Bahía de Maratón.

Los persas habían desembarcado algunas de sus naves allí y estaban descargando soldados cuando llegaron los atenienses. Dado que las llanuras que rodean la Bahía de Maratón están rodeadas de altas montañas, los persas estaban en una posición de la que sería difícil escapar. Los barcos que no se habían descargado, trataron de navegar por la costa, y el ejército griego envió una fuerza para evitar que desembarcaran mientras el resto de los soldados se escondieron en las colinas boscosas alrededor de Maratón.

Cuando los persas comenzaron a cargar sus barcos, los griegos descendieron de las colinas y derrotaron al ejército enemigo. La fuerza enviada para bloquear a los persas que navegaban por la costa también fue exitosa, y esto significaba que los griegos habían logrado evitar una invasión persa a gran escala. Los persas reunieron lo que quedaba de su ejército y regresaron a Asia.

Los persas invaden de nuevo

Aunque los griegos habían logrado ganar una victoria decisiva en la Batalla de Maratón, lo cual puso fin a la amenaza de la invasión persa, había unos pocos que creían que los persas nunca volverían a intentarlo. Como resultado, los preparativos comenzaron de inmediato para un posible ataque, en gran parte con la reconstrucción de muros y la construcción de una flota, que fue financiada en gran parte por Atenas de manera relativamente secreta.

Resulta que los griegos tenían razón al predecir que esta no sería la última actuación de Persia. Sin embargo, pasaría algún tiempo antes de que los persas lo intentaran nuevamente. Primero, Darío I murió poco después de la batalla de Maratón. Su hijo, Jerjes I, se convirtió en rey, y le tomó tiempo consolidar el poder después de la transición y también convencerse de que invadir Grecia era lo correcto.

Una vez que Jerjes fue persuadido para invadir, se propuso reunir uno de los ejércitos más impresionantes no solo del mundo antiguo, sino en toda la historia humana. Su ejército de 180.000 soldados estaba formado por una combinación de soldados profesionales perfectamente entrenados, los inmortales persas, así como innumerables reclutas de todos los rincones del Imperio persa. Sin embargo, estos reclutas constituían la mayoría de la fuerza que Jerjes llevó a Grecia.

Sin embargo, lo más impresionante fueron los preparativos que Jerjes hizo para su invasión. Lo primero que hizo fue construir un puente de pontones sobre Helesponto, el estrecho que proporciona acceso al mar de Mármara, Estambul y el mar Egeo. Este puente de pontones estaba formado por barcos atados entre sí, y los soldados cruzarían los barcos hasta llegar al otro lado. Fue un enfoque primitivo, pero redujo significativamente el viaje y mantuvo sus líneas de suministro lejos de Bizancio (Estambul), que simpatizaban con los griegos. Jerjes también construyó mercados en Tracia y Macedonia para facilitarle a sus tropas el acceso a los suministros.

En el bando griego, Atenas había descubierto un nuevo suministro de plata, y lo estaban usando para construir una flota que se utilizaría en la eventual invasión persa. Sin embargo, y quizás lo más importante, los griegos se estaban preparando al unirse. Los griegos luchaban constantemente, y entendieron que era importante tomarse en serio la colaboración solo en el momento en el que tenían a Jerjes en "su puerta". Fue así como los griegos lograron formar una liga panhelénica que les permitiría trabajar juntos para defender Grecia.

Esparta estuvo involucrada en esta alianza desde el principio, pero a veces resultó difícil. Citaron razones culturales, como malas profecías, pero muchos creen que fue simplemente la preferencia espartana por el aislacionismo lo que les impidió ser excepcionalmente útiles. Sin embargo, al final, aumentaron su participación y se convirtieron en una fuerza líder en la lucha contra los persas.

Conclusión

En 480 a. C., el escenario estaba listo para una revancha entre Persia y Grecia. Jerjes había acumulado y equipado a uno de los ejércitos más grandes de la historia, y los griegos, se habían unido por primera vez en defensa de su patria y para enfrentar su mayor amenaza existencial.

Este escenario es parte de la razón por la cual la batalla de las Termópilas se ha vuelto tan famosa. En muchos sentidos, es la historia de un desvalido. Los griegos parecían condenados a la derrota cuando los persas invadieron y apenas pudieron escapar. Sin embargo, la Batalla de Maratón les había enseñado que era posible derrotar a los persas a pesar de que los superaban en número. Entonces, y aunque finalmente fueron derrotados en la batalla de las Termópilas, habían mostrado su espíritu y contribuido más a la historia de los desvalidos. Pero lo que ayudó a hacer esta historia aún más convincente fueron los eventos que ocurrieron durante los siete días que ahora llamamos la famosa batalla de las Termópilas.

Capítulo 2: Los Personajes Principales de la Batalla de las Termópilas

Una de las razones por las que la batalla de las Termópilas es tan famosa es por las personas que lucharon en ella. Del lado de los griegos, tenemos al rey Leónidas, que ha pasado a la historia como uno de los comandantes militares más valientes y leales de todo el mundo. En el otro lado está Jerjes, uno de los primeros reyes persas que nació en la verdadera riqueza imperial, algunos podrían decir que era un mocoso malcriado cuyo objetivo principal era expandir su legado como rey, mientras que otros podrían decir que era un gran líder que simplemente se quedó corto en lo mismo en lo que muchos reyes persas se habían quedado cortos antes: la conquista de Grecia. Estudiar a estos hombres nos ayuda a comprender cómo se desarrolló la batalla de las Termópilas, así como el resto de las guerras greco-persas.

Jerjes

Hijo de Darío I, es el rey persa responsable de la expansión y fortificación del Imperio persa en el oeste de Asia. Jerjes subió al trono en c. 486 a. C. Su padre lo había elegido para ser el rey antes de morir, pero cuando Darío finalmente lo aprobó, Jerjes tuvo que pasar mucho tiempo consolidando el poder que le había sido entregado. Un hombre que se hizo pasar por el hermano de su padre intentó usurpar el poder, y Jerjes tuvo que derrotarlo para incluso reclamar el trono. Luego tuvo que concentrarse en sofocar las rebeliones que habían estallado tanto en Egipto como en Babilonia. Por esta razón, no pudo continuar la invasión de Grecia que había iniciado su padre, justo directamente después de asumir el trono.

El éxito en el campo de batalla en Asia y África ayudó a Jerjes a ganar una sólida reputación como rey. Sin embargo, terminaría siendo conocido más por su derrota en Grecia que por sus éxitos en otras partes del imperio. Probablemente, esto se deba al hecho de que Jerjes realizaba preparaciones muy minuciosas para la invasión. La escala de su ejército, así como el sistema logístico diseñado para apoyarlo, nunca antes se había visto en el mundo antiguo, y ayuda a demostrar la capacidad de planificación verdaderamente notable de Jerjes y los reyes persas, incluso si no funcionaba para obtener el éxito.

Sin embargo, lo interesante es que cuando Jerjes se hizo cargo por primera vez como rey, no estaba completamente interesado en invadir Grecia. Había visto fracasar a su padre, y aunque hubiera querido vengar su fracaso, Jerjes estaba mucho más interesado en la construcción y otros placeres personales. Sus harenes eran bien conocidos en todo el imperio, y había caído en una gran decadencia, algo que los griegos habrían despreciado como arrogancia y orgullo excesivo. A pesar de que sus intereses estaban en otra parte, algunos de sus asesores más cercanos finalmente pudieron llamar su atención y lo convencieron de que honraría a su padre y también garantizaría su legado si lograba terminar la conquista completa de Grecia.

Sin embargo, con el pueblo persa, Jerjes era realmente conocido por sus construcciones. Él fue quien agregó los templos y palacios más importantes de Persépolis, lo que lo ayudó a convertirse en un rey popular, pues en la Asia antigua la construcción era el único signo verdadero de un buen gobernante. Esto, más su éxito como comandante militar y sus meticulosos preparativos previos a la invasión de Grecia, fue lo que ayudó a hacer de Jerjes uno de los líderes más temidos y respetados del mundo antiguo.

Rey Leónidas

Esparta siempre ha sido un caso peculiar en el mundo antiguo, y su estructura monárquica no es diferente. Casi desde su inicio, Esparta fue gobernada por dos reyes, así como por un consejo compuesto por ciudadanos espartanos que fueron elegidos y luego se les dio poder de por vida. Este consejo era lo que realmente controlaba Esparta, lo que significaba que los reyes espartanos no eran excepcionalmente poderosos. Sin embargo, eran los comandantes en jefe del ejército espartano, y en su mayor parte, se les dio rienda suelta para hacer lo que quisieran con el ejército que comandaban, aunque, con el tiempo, el consejo comenzó a enviar asesores con los reyes para guiarlos en sus movimientos.

Leónidas se convirtió en rey de una manera bastante extraña. No era el primogénito de su familia, y solo asumió el trono porque su hermano mayor, Cleómenes, sufrió una muerte prematura. La historia oficial era que Cleómenes era un borracho que se suicidó, aunque hay razones para creer que este no fue el caso. Beber y embriagarse eran severamente amonestados en Esparta en ese momento, y aunque esto no significa necesariamente que Cleómenes no bebiera, la mayoría de los estudiosos consideran que es poco probable que bebiera tanto que finalmente se volvió loco y se suicidó. De hecho, muchos creen que Leónidas fue quien lo mató para poder convertirse en rey, aunque nunca sabremos la historia verdadera.

Una de las razones por las que Leónidas se hizo tan famoso fue por su decisión de llevar solo 300 espartanos con él a las Termópilas. Los persas estaban invadiendo durante las Carneas, que era una fiesta para celebrar al dios Apolo. Era la fiesta religiosa más importante en Esparta, y a los reyes se les prohibía ir a la guerra durante este período. Sin embargo, reconociendo la amenaza que representaban los persas, Leónidas fue al oráculo para pedir permiso de todos modos, pero se le negó. Al elegir entre permitir que los persas marcharan hacia Grecia esencialmente sin oposición o desobedecer a los dioses, Leónidas decidió no hacer nada. En cambio, reunió una fuerza de 300 espartanos y lo consideró una "expedición". Este tipo de semántica ayudó a apaciguar al oráculo al tiempo que les dio a los espartanos y griegos al menos una pequeña posibilidad de derrotar a los persas.

La otra razón por la que Leónidas es famoso, es por su decisión de quedarse con los otros espartanos y 700 tespios y 400 tebanos que quedaban para defender las Termópilas hasta la muerte. Este movimiento finalmente se interpretó como un signo de valentía y valor espartanos, y cuando sus huesos finalmente fueron devueltos a Esparta unos 40 años después de la batalla, se construyó un santuario de héroes para honrarles.

Conclusión

En muchos sentidos, Jerjes y Leónidas eran bastante diferentes. Jerjes, habiendo nacido en un esplendor imperial extremo, caminó y actuó como si gobernara el mundo, algo que esencialmente hizo. Además, debido a la vasta riqueza y recursos del ejército persa, fue capaz de pensar en grande al planificar su campaña, mientras que Leónidas se vio obligado a tomar la menor fuerza posible con él para enfrentar a Jerjes.

Otra gran diferencia fue que el propio Jerjes no luchó. Solo observó a sus ejércitos desde lejos y usó mensajeros para comunicarse con sus comandantes en la línea del frente. Pero Leónidas, como era la tradición en la mayor parte de la antigua Grecia, fue a la batalla con sus soldados, y como vimos en la batalla de las Termópilas, tampoco tuvo miedo de morir con ellos. Jerjes, por otro lado, después de ser derrotado en la batalla de Salamina, se dio la vuelta y regresó a Asia, dejando el resto de la campaña a uno de sus generales. Sin embargo, no importa cuán diferentes fueran estos dos hombres, sus legados se entrelazaron para siempre como resultado de la famosa confrontación que ahora llamamos la batalla de las Termópilas.

Capítulo 3: Grecia y Persia se preparan para la Batalla

En 480 a. C., exactamente diez años después de la batalla de Maratón y la derrota de los primeros persas enviados por Darío I, su hijo, Jerjes, marchaba hacia Grecia. Sus minuciosos preparativos y su gran número de soldados hicieron que su viaje a Europa a través de Tracia y Macedonia fuera bastante fácil, y, por ende, la mayor parte del mundo griego temía su avance.

Al observar el equilibrio de poder que conduce a esta ronda de lucha, parece que los persas tenían una clara ventaja. Sin embargo, parte de la razón por la que no pudieron explotar esta ventaja fue porque los griegos construyeron su estrategia defensiva con el terreno griego en mente y también porque los ejércitos griegos poseían una unidad superior, el hoplita con escudo y lanza de bronce.

La batalla de las Termópilas fue muy importante, pues ayudó a exponer las ventajas que los griegos tenían sobre sus invasores. Esto les permitió hacer movimientos inteligentes, que fueron ayudados por la buena fortuna, y les permitió expulsar a los persas de Grecia de una vez por todas. Entonces, antes de detallar los eventos de la batalla, es importante entender que las Termópilas son únicas y cómo su naturaleza distinta afectó el curso general de las guerras greco-persas.

La estrategia de defensa griega

Poco después de su marcha hacia Europa, Jerjes y sus ejércitos estaban en Terma, una ciudad en el norte de Grecia que se extiende a ambos lados de la frontera de Tracia y Macedonia. Los macedonios habían doblado la rodilla ante los persas, dejando abierto el paso hacia Grecia continental.

Organizados en una alianza, los griegos decidieron establecer sus defensas en el valle de Tempe en Tesalia, una región en el norte de Grecia que comparte una frontera con Macedonia. La lógica era que los barrios estrechos del valle neutralizarían los números persas e igualarían la lucha. Este era un buen plan, y era la estrategia que los griegos usarían una y otra vez cuando se enfrentaban a los ejércitos persas, pero esta vez nunca se materializó porque los macedonios habían alertado a Jerjes sobre un camino que circunvala el valle, y que habría atrapado a los ejércitos griegos detrás de las líneas persas.

Como resultado, los griegos necesitaban elegir una nueva ubicación. Los espartanos, que estaban más preocupados por protegerse a sí mismos y restringían cuánto podían luchar por las celebraciones culturales, abogaron por fortificar el istmo de Corinto, pero esto habría significado entregar Atenas, Tebas y otras ciudades importantes de la alianza. Debido a esto, se eligieron las Termópilas.

Otra razón por la que se eligió a las Termópilas, fue por la estrategia naval implementada por la alianza griega. Junto con sus ejércitos masivos, Jerjes también viajó con una enorme flota tripulada principalmente con marineros y soldados egipcios y fenicios. Los griegos querían alejarse de los persas antes de que tuvieran la oportunidad de navegar alrededor de Eubea y desembarcar en Ática, un movimiento que habría dejado a Atenas abierta para atacar.

El artemisio, que se encuentra en la costa noreste de Eubea, fue elegido como el lugar para enfrentarse a los persas. El éxito en esta operación habría significado dos cosas para los griegos. Primero, habría evitado que los persas llegaran a Eubea, sin importar navegar y aterrizar en Ática. En segundo lugar, habría evitado que la flota persa navegara a las Termópilas y flanqueara a la fuerza griega que lucha allí.

Esta estrategia fue bien pensada y colocó a los griegos en una posición tremenda para el éxito. Pero a pesar de lo bien planificada que fue esta estrategia defensiva, no se sabía cuán difícil sería enfrentarse a un ejército persa que era mucho más grande que la fuerza que los griegos lograron reunir.

La Estrategia de la Invasión Persa

A diferencia de su padre Darío I, Jerjes no estaba motivado por la venganza. Darío I hizo que sus tropas invadieran Grecia para castigar a las ciudades que apoyaron a los jonios durante su rebelión, a saber, Atenas y Eritrea. La conquista imperial fue secundaria. Realmente solo estaba interesado en quemar estas dos ciudades hasta el suelo para vengarse del caos que apoyaban en la tierra controlada por los persas.

Sin embargo, Jerjes habría estado mucho más interesado en poner partes del mundo griego bajo su control para expandir las posesiones imperiales de los aqueménidas, la familia real responsable del primer imperio persa. Como resultado, su enfoque fue un poco más metódico. Ya hablamos sobre su construcción de puentes y mercados, pero a medida que Jerjes avanzaba, siempre le daba una oportunidad a la diplomacia al enviar mensajeros con anticipación pidiendo tributos a cambio de paz.

Algunas de las ciudades del norte de Grecia y Macedonia se vieron obligadas a ceder ante estas demandas porque no tenían ninguna posibilidad de defenderse contra el enorme ejército persa que avanzaba. Pero las ciudades más grandes, como Atenas, Esparta y Corinto rechazaron estos comandos.

Curiosamente, después de la batalla de las Termópilas y el saqueo de Atenas, Jerjes ofreció nuevamente la paz a cambio de tributo. Frustrados con los espartanos por no contribuir igualmente a la fuerza de lucha pan-griega, los atenienses admitieron que aceptarían los términos para llevar a Esparta a la acción. Funcionó, y los espartanos convocaron a un gran ejército para luchar contra los persas en la batalla de Platea, que puso fin a la invasión de Grecia a manos de Jerjes.

Sin embargo, antes de que esto pudiera suceder, Jerjes necesitaba llegar a Grecia, y su estrategia era hacer una marcha lenta y metódica de su ejército desde Asia hacia Europa. Pero el terreno accidentado y montañoso significaba ir lento para la inmensa fuerza de Jerjes de 180.000 hombres más animales y suministros. En muchos lugares, los pasos a través de las montañas eran muy estrechos. El objetivo era llegar a Beocia y luego a Eubca para unirse con la marina y lanzar un ataque doble en Atenas desde tierra y mar. A partir de ahí, Jerjes planeó marchar a través del istmo de Corinto hacia el Peloponeso para atacar a Esparta y poner fin a las guerras greco-persas.

Sin embargo, esto no sucedió. La batalla de las Termópilas fue técnicamente una victoria persa, pero también expuso a los persas y los preparó para la derrota poco después. Pero para entender cómo sucedió esto, es importante saber sobre la geografía de las Termópilas.

La Geografía de las Termópilas

Para moverse hacia el sur a través de Grecia, Jerjes y sus ejércitos necesitaban quedarse en la costa donde el terreno era plano y fácil para que esta gran masa de seres humanos se moviera a un ritmo razonable. Además, estar cerca de la costa facilitó a la flota persa proporcionar cobertura si fuera necesario. Ir tierra adentro es más difícil en esta región, ya que el terreno se vuelve más montañoso y difícil de manejar.

El paso de las Termópilas fue elegido como el lugar para confrontar a los persas porque es un punto de estrangulamiento en la ruta costera del norte hacia Grecia. Las montañas se extienden cerca del mar, reduciendo el espacio que uno tiene que mover, lo que brindaría a los griegos la oportunidad de neutralizar los números persas y nivelar el campo de juego.

La geografía de las Termópilas hace que el ejército defensor no tenga que preocuparse por sus flancos, ya que está protegido por el mar a la derecha y las montañas a la izquierda. Sin embargo, la existencia de una ruta alternativa fue algo crítico para la batalla de las Termópilas. De hecho, había una ruta a través de las montañas que eludía el paso y dejaba a los griegos vulnerables. Los ejércitos griegos sabían esto, pero sin remedio a su disposición, tuvieron que confiar en la ignorancia de su enemigo para mantenerse a salvo. Eventualmente, sin embargo, los persas descubrieron este secreto, por lo que la batalla de las Termópilas terminó como lo hizo.

Los Ejércitos Griegos y Persas

Varias veces hemos aludido a la enorme ventaja de las tropas que los persas tenían en esta segunda invasión de Grecia y la batalla de las Termópilas. La versión glorificada de la historia nos dice que los griegos no enviaron más de 300 soldados y que lucharon contra una fuerza persa de más de dos millones de hombres.

Es cierto que los griegos fueron ampliamente superados en número, pero estas cifras no son precisas. Sin embargo, la leyenda de Esparta sobre los 300 hombres parece ser cierta. Los oráculos espartanos habían prohibido al ejército espartano ir a la guerra, pero bajo la persuasión del rey Leónidas, acordaron permitir que los espartanos enviaran una "fuerza expedicionaria" de solo 300 hombres. Convencido de que esto serían muy pocos soldados para ser victoriosos, Leónidas solo eligió soldados que tenían hijos vivos, ya que no quería ser el responsable de poner fin a la línea familiar.

Estos 300 soldados se agregaron a una fuerza de aproximadamente 3.000 soldados de ciudades alrededor del Peloponeso, como Arcadia,

Corinto y Tegea. Este grupo se unió con otros 3.000 a 4.000 soldados del resto de Grecia, lo que eleva el número total de soldados griegos que lucharon en las Termópilas a alrededor de 6.000 o 7.000 soldados.

Obviamente, esto es más prometedor que solo tener 300 soldados, pero el desequilibrio entre el tamaño de los dos ejércitos sigue siendo sorprendente. Jerjes había reunido tres cuerpos que sumaban 180.000 soldados, de los cuales 10.000 eran los inmortales persas. Estos soldados profesionales estaban altamente entrenados y llevaban espadas de hierro. Llegaron a ser conocidos como los "Inmortales" porque cada vez que uno moría, era reemplazado de inmediato, asegurando que la fuerza siempre fuera de 10.000 soldados.

El resto de los ejércitos de Jerjes estaban formados por reclutas de todo su imperio. El grado de disposición con el que estos hombres lucharon varió enormemente. Por ejemplo, los medos, vecinos de Persia que compartían partes de su identidad cultural, fueron considerados como una fuerza de combate leal y efectiva. Pero los griegos jonios reclutados al servicio después de que se aplastara su rebelión, no fueron tan efectivos en la batalla, especialmente porque habrían sentido como si estuvieran luchando contra sus parientes.

La lista de personas que contribuyeron al Imperio persa es larga, pero tenemos razones para creer que estaba compuesta no solo de persas y medos, sino también elamitas, bactrianos, personas hindúes (lo que llamaron indios), babilonios, asirios, árabes, egipcios, macedonios, jonios, tracios y muchos más. Esto muestra el alcance del poder persa. Se requerían contribuciones de tropas de los territorios subyugados, lo que significa que todos estos territorios fueron administrados completamente por Persia en ese momento.

Junto con los ejércitos, los persas y los griegos también construyeron flotas para luchar entre sí. Una vez más, los persas tenían la ventaja en términos de tamaño. Se estima el número exacto de naves, pero el consenso general es que tenían entre 600 y 1.200 naves. En cuanto a los griegos, su fuerza volvió a ser mucho menor, ya que la mayoría de las estimaciones indican que no tenían más de 400 barcos. El clima, la mala toma de decisiones de los persas y algo de buena suerte ayudaron a igualar el puntaje en la batalla naval, pero en ningún momento los griegos igualaron el tamaño de la fuerza de su enemigo.

Conclusión

Es importante estudiar la batalla de las Termópilas de esta manera porque nos recuerda cuán grave fue la situación para los griegos. Es cierto que terminaron perdiendo la batalla, pero lo hicieron de una manera que proporcionó esperanza para las batallas posteriores y que finalmente se tradujeron en una victoria general.

Sin embargo, el esfuerzo griego en las Termópilas solo se entendió de esta manera debido a lo desiguales que eran las probabilidades de entrar en la batalla. Estas victorias morales, si podemos llamarlas así, permitieron el saqueo repetido de Atenas y la casi destrucción del mundo griego, y también proporcionaron a los combatientes griegos un plan sobre cómo ganar, que implementaron hasta que los persas fueron forzados a abandonar su invasión y regresar a Asia.

Capítulo 4: La Batalla de las Termópilas: La Prueba de los Siete Días.

Durante la mayor parte de la primavera y el verano en 480 a. C., Jerjes marchaba hacia el sur desde Macedonia hasta Grecia. La marcha fue lenta, pero a finales de agosto había alcanzado las Termópilas. Cuando llegó allí, vio una pequeña fuerza griega que intentaba bloquear su camino. Burlándose de los débiles griegos, les dio la oportunidad de retirarse antes de atacar, lo cual rechazaron. La lucha comenzó y duró varios días hasta que los griegos finalmente se vieron obligados a retirarse. Pero este resumen rápido no hace justicia al drama que se desarrolló esa fatídica semana de finales de verano en 480 a. C.

Días 1-4

Los primeros días de la batalla de las Termópilas fueron realmente pacíficos. Los griegos fueron los primeros en llegar, y Leónidas posicionó sus tropas tras enviar una fuerza de 1.000 hombres para proteger uno de los pasos alrededor de las Termópilas y también para hacer guardia y alertar al resto de la fuerza en caso de que su flanco izquierdo se viera comprometido. En ese punto, no quedaba nada por hacer excepto esperar. Los persas comenzaron a llegar, pero no atacaron.

Al principio, es posible que los persas simplemente estuvieran esperando que llegara el resto de su ejército, pero la leyenda, según Heródoto, es que Jerjes, al ver a las débiles fuerzas griegas que se interponían en su camino, asumió que su enemigo se rendiría si se les daba lo suficiente. Era hora de pensarlo. Sin embargo, esto nunca sucedió, y eventualmente, Jerjes habría visto que necesitaría participar en la batalla si quería avanzar.

Día 5

En el quinto día de batalla, que muchos consideran el primero, ya que marca el comienzo de la lucha real, los persas avanzaron sobre los griegos. Pero debido a que el pase tenía solo 15 m de ancho y estaba bloqueado por una densa fila de soldados espartanos, Jerjes no pudo aprovechar al máximo su superioridad numérica.

Jerjes comenzó su ataque ordenando un aluvión de flechas hacia las líneas griegas, pero como dispararon desde muy lejos, alrededor de 100 yardas (300 pies), los griegos pudieron desviar las flechas con sus escudos de bronce. Además, Leónidas hizo uso de una estrategia de retirada de señuelo en la que hizo que pareciera que se duplicaba a una posición diferente solo para moverse hacia arriba nuevamente cuando las flechas salieron volando, lo que hizo que le pasaran inofensivamente por encima.

Después de los arqueros, Jerjes envió una fuerza de Media y Kisianos, dos de las partes más fuertes de su ejército, en oleadas de 10.000 hombres a la vez. Pero la fortaleza griega, fortificada por la falange y las lanzas griegas mucho más largas, se mantuvo. Los persas no pudieron romper la línea, y miles murieron en el proceso. Los griegos, por otro lado, casi no sufrieron bajas.

Hacia el final del día, Jerjes decidió enviar a sus Inmortales, con la esperanza de que al hacerlo despejaría el pase de una vez por todas. Pero ellos también fueron rechazados, y el primer día de la batalla pasó sin que los persas pudieran despejar el paso y avanzar más en Grecia.

Día 6

Si el primer día de lucha proporcionaba esperanza a los griegos, entonces el segundo día solo serviría para reforzar aún más ese optimismo. Jerjes repitió su estrategia desde el primer día enviando ataques en oleadas. Después de que cada uno fuera derrotado, los griegos rotarían sus líneas, dando a aquellos que acababan de luchar la oportunidad de tomar un descanso y recuperarse antes de que fuera su turno para entrar en la refriega.

Aunque seguramente fue agotador, la estrategia griega estaba funcionando. La falange, que es esencialmente una gran variedad de soldados que trabajan en conjunto para protegerse mutuamente y mejorar su posición defensiva, estaba demostrando ser demasiado para los soldados persas.

Jerjes probablemente se estaba dando cuenta de esto, y según Heródoto, suspendió la invasión por la tarde, completamente confundido porque no entendía que su ejército, que era mucho más grande, no pudiera pasar por la línea de defensa griega.

Cuando Jerjes suspendió la invasión por segunda vez, los griegos tuvieron motivos para alegrarse. Después de todo, ¿cuánto más podría Jerjes permitirse perder intentando avanzar más allá de este pequeño tramo de tierra?

Sin embargo, si los griegos hubieran sabido lo que sucedería al final de ese segundo día de lucha, podrían no haber tenido tanta esperanza. Hasta este punto, los persas creían que las Termópilas eran la única forma de avanzar hacia el sur. Sin embargo, Leónidas sabía que había otra manera. Este otro paso conducía hacia el oeste hacia las montañas, hacia el sur pasando las Termópilas, y luego hacia el este hasta el mar. Si los persas encontraban este pase, podrían seguirlo y terminar detrás de los griegos, lo que les permitiría atacar tanto desde adelante como desde atrás, un movimiento que habría aplastado a los griegos.

Nunca sabremos con certeza si los persas habrían encontrado ese pase por su cuenta, pero no importa porque los griegos fueron traicionados por uno de los suyos. Sintiendo una victoria persa, Efialtes, hijo de un hombre poderoso de una ciudad cercana, Trachis, fue a Jerjes y le ofreció mostrarle el camino alrededor de las Termópilas. Presumiblemente, Efialtes estaba buscando entrar en las buenas gracias de Jerjes para que lo trataran bien después de que los persas hubieran asegurado su victoria. Este tipo de traición era muy común en el mundo antiguo, ya que era una forma de que las ciudades más pequeñas y las ciudades-estado ejercieran su autonomía sobre sus vecinos más poderosos.

Leónidas reconoció que había un riesgo de que esto pudiera suceder, razón por la cual había estacionado una contingencia de 1.000 hombres para proteger el pase. Pero cuando Jerjes se enteró de ello, aparentemente envió a todos los Inmortales, es decir, a los 10.000, para explorar. Si esto es cierto, y no tenemos ninguna razón real para creer que no lo sea, entonces la guardia de 1.000 hombres habría sido derrotada bastante rápido, dejando a los persas libres para avanzar y acercarse sigilosamente a los griegos.

Día 7

Los Inmortales se habían topado con los griegos que custodiaban este paso de puerta trasera probablemente en algún momento de la noche entre el segundo y el tercer día de batalla o tal vez incluso al amanecer del tercer día. Esto significaba que estaban a solo unas pocas horas de la posición griega en las Termópilas, colocando a Leónidas en una tesitura difícil.

Las personas que vivían en las colinas que rodean las Termópilas, le informaron a Leónidas que los persas habían encontrado una forma de evitar las Termópilas y que estaban avanzando con una gran fuerza para atacar desde la retaguardia. En este punto, Leónidas fue empujado a una posición bastante difícil. Había una opción para retirarse a través de un paso diferente, pero hacerlo permitiría a los persas marchar libremente pasando las Termópilas y hacia el resto de Grecia continental, incluyendo Atenas y luego Esparta.

Sin embargo, la otra opción, quedarse y luchar, habría resultado en la aniquilación completa de toda su fuerza. Con su flanco trasero expuesto, Leónidas sabía que había terminado, y decidió hacer lo que creía que era mejor para la causa general de la guerra, que era defender las ciudades griegas libres restantes de la ira de Persia.

El compromiso que hizo consigo mismo fue quedarse con los 300 espartanos y servir como retaguardia mientras el resto de la fuerza griega se retiraba, un movimiento que podía salvar miles de vidas, cuerpos que podían usarse en la próxima batalla contra los persas.

Hay muchas historias en torno a la decisión de Leónidas de quedarse atrás con los espartanos, y muchas pueden ayudar a explicar por qué esta batalla se ha vuelto tan famosa en la historia mundial. Una de esas historias es que Leónidas decidió quedarse porque, como espartano, se le prohibió retirarse, una leyenda que ayudó a dar lugar a la idea de que los espartanos nunca se retiraban. Otra teoría es que Leónidas decidió quedarse mientras otros se retiraban porque el oráculo que había consultado antes de marchar a la batalla había dicho que, si fallaba, perdería la vida, una historia que ayudó a consagrar a Leónidas como un héroe comprensivo del mundo antiguo.

Sin embargo, es mucho más probable que Leónidas hubiera tomado su decisión por alguna combinación de deseo de gloria y estrategia. Los 700 tespios y 400 tebanos que se quedaron con los espartanos sirven como evidencia contra la noción de que Leónidas eligiera quedarse debido a algún código especial de Esparta, aunque sin duda el honor y el valor jugaban un papel importante en las decisiones de los antiguos reyes.

Como se esperaba, esta decisión de quedarse y proteger a los soldados que se retiraban resultó en la destrucción de las fuerzas espartanas, tespias y tebanas que permanecieron junto con el propio rey Leónidas. En este último día de batalla, se dice que Jerjes esperó un período para que sus Inmortales pudieran tener tiempo para abrirse camino en la línea griega. Cuando finalmente atacó, los griegos se apresuraron a encontrarse con los persas, pero fueron derrotados. Finalmente, fueron rodeados, y los persas dispararon flechas a los griegos restantes hasta que cada uno de ellos estaba muerto.

Leónidas murió en algún momento durante la batalla, y una de las partes más famosas de este conflicto fue la lucha que siguió sobre su cuerpo. Los griegos querían honrarlo, y los persas lo querían como un símbolo de su victoria y dominio. Al principio, los griegos lo tenían, pero fueron expulsados, y el ejército persa tomó el control de su cuerpo. En ese momento, la mayor parte de la fuerza griega estaba muerta, y los que quedaron fueron hechos prisioneros. El rey espartano había muerto. La batalla se había perdido.

Esto habría abierto el paso de las Termópilas, permitiendo a los persas avanzar más en Grecia. Pero su victoria tuvo un precio. Se estima que perdieron unos 20.000 soldados durante el ataque en comparación con solo 1.400 griegos. Esto dejó a los griegos superados en número, pero les proporcionó una receta para la victoria que muchos finalmente creyeron que podría funcionar.

Conclusión

La batalla de las Termópilas es famosa por una razón. Los primeros dos días de lucha vieron a los griegos enfrentarse a los repetidos avances persas a pesar de ser trágicamente superados en número. Su armadura y armamento superiores, un escudo y una lanza de bronce, combinados con el uso de la falange demostraron ser la combinación perfecta de armas y tácticas para defender una posición como las Termópilas.

Sin embargo, las cosas iban a cambiar cuando los persas descubrieron una forma de evitar las Termópilas, y la decisión de Leónidas de permanecer con sus tropas y luchar hasta la muerte se ha convertido en una de las últimas posiciones más famosas en la historia de la guerra humana junto con Waterloo, el Álamo y Bastoña.

Pero incluso sin estas leyendas de fuerza y valor, esta batalla sería famosa únicamente por su importancia en las guerras greco-persas. Las Termópilas les mostraron a los griegos que había una manera de vencer a los persas, acorralando en posiciones apretadas y usando la fuerza de la falange para neutralizar su ventaja e infligir un gran daño. Esta estrategia se usaría con mayor frecuencia y, de alguna manera, se aplicaría a la estrategia naval, permitiendo a los griegos cambiar el rumbo de la guerra a su favor y permitiéndoles ganar la victoria contra los invasores persas.

Capítulo 5: Mientras tanto, en Artemisio

Para comprender realmente el significado de la batalla de las Termópilas, es importante mencionar también los eventos que tuvieron lugar en Artemisio, que sucedieron al mismo tiempo. Si bien la batalla de Artemisio fue una batalla naval, muchos historiadores agrupan las luchas que tuvieron lugar allí con la batalla terrestre que se estaba llevando a cabo en el paso de las Termópilas, en gran parte porque las dos fuerzas estaban destinadas a apoyarse mutuamente mientras se defendían contra el avance persa a Grecia.

Al igual que las Termópilas, la Batalla de Artemisio terminó en una victoria persa, y los griegos se vieron obligados a retirarse. Sin embargo, también al igual que en la batalla de las Termópilas, los griegos pudieron asestar un golpe significativo a los persas a pesar de perder la batalla, y la madre naturaleza incluso contribuyó para ayudar aún más al puntaje. Pero en el proceso, los griegos aprendieron una valiosa lección sobre cómo vencer a los persas en el mar, que llevaron con ellos a la batalla de Salamina, la cual resultó ser la batalla decisiva de esta parte de la guerra y también una de las más importantes victorias en la historia griega.

¿Por qué Artemisio?

En general, se eligió Artemisio por una razón similar a las Termópilas. Era un lugar de desembarco natural para saquear la isla de Eubea, y también era el punto de entrada al Golfo de Malí, a orillas del cual se encuentran las Termópilas. Si la flota persa quisiera ayudar a su ejército en la lucha contra los griegos, primero tendrían que pasar por Artemisio, por lo que los griegos querían estar esperándolos para poder defenderse y proteger a sus soldados que defienden el paso.

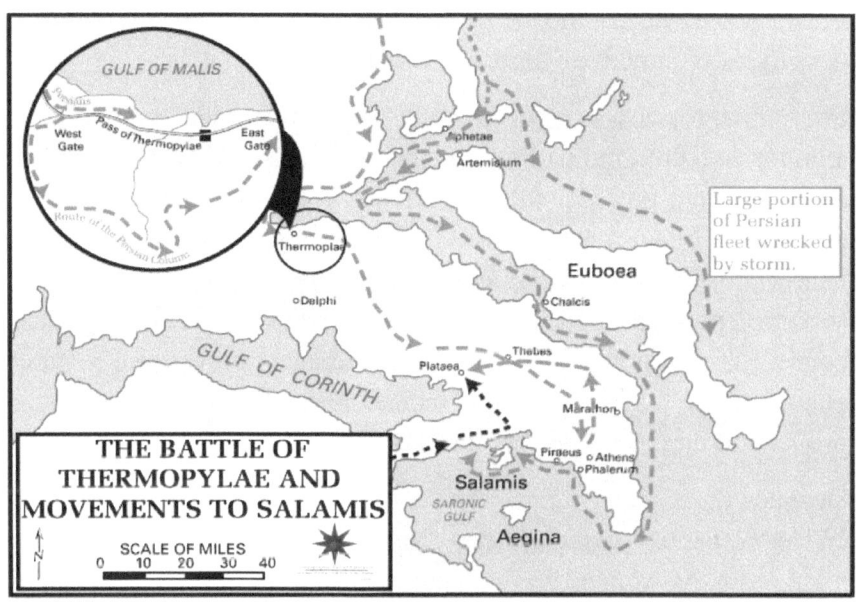

Sin embargo, a pesar de que Artemisio tenía sentido como un campo de batalla, los griegos inicialmente no lo eligieron en gran medida porque no estaban seguros de las intenciones de sus oponentes. Más específicamente, no querían esperarlos en Artemisio solo para descubrir que planeaban navegar alrededor de Eubea y en Ática, donde estaba Atenas. El siguiente mapa ayuda a resaltar por qué a los griegos les preocupaba que esto sucediera.

Cuando la flota griega liderada por los atenienses recibió información de que este era realmente el plan de los persas, la mitad de la flota se retiró a Calcis, que se puede encontrar a mitad de camino en la costa occidental de Eubea. Esto permitiría que una fuerza esperara hasta que los persas revelaran sus verdaderos movimientos, y si navegaran hacia el sur hacia Ática, los griegos podrían responder rápidamente. Este plan también les permitiría poder subir a Artemisio si los persas decidieran enviar su flota hacia las Termópilas para apoyar a las tropas que lucharían allí.

Al final, sus instintos iniciales fueron correctos, y la batalla terminó en Artemisio. Pero el primer día, que también fue el mismo día en que Jerjes llegó a las Termópilas, una tormenta azotó la costa de Eubea y empujó a muchos de los barcos de los persas a las rocas, destruyendo un número significativo de ellos.

Sin embargo, los griegos todavía eran superados en número, y algunos registros indican que los griegos querían hacer una retirada completa para proteger mejor a Atenas y el Ática, pero esto habría entregado Eubea a los persas, un movimiento que obviamente no habría ido bien con los eubeos. Es posible que haya habido algún soborno, pero, al final, los griegos decidieron quedarse y luchar contra los persas, en parte porque no tenían otra opción, y porque abandonar a los griegos que luchaban en las Termópilas habría provocado una cierta derrota y probable conquista.

Después de la tormenta, los persas y los griegos tardaron unos días en reagruparse. Los combates comenzaron tres días después, el mismo día que comenzaron los combates en las Termópilas. Durante este primer día de lucha, los griegos fueron sorprendentemente exitosos. Pudieron usar con éxito una maniobra que los involucró haciendo una forma de media luna alrededor de los persas para atraparlos contra las rocas, lo que les permitió infligir grandes daños a su enemigo. Al día siguiente no hubo peleas cuando ambas partes se reagruparon, y luego, en el tercer y último día, los griegos se mantuvieron firmes, pero finalmente fueron invadidos por los persas más numerosos. Finalmente, cuando la flota griega se enteró de que la batalla de las Termópilas se había perdido, los barcos que aún flotaban se dieron la vuelta y retrocedieron hacia Ática y Atenas.

Conclusión

En comparación con lo que había sucedido en las Termópilas, la derrota griega en la batalla de Artemisio no fue tan devastadora. Por un lado, entre el clima y el primer día de batalla, la flota griega pudo hundir o destruir más de 400 barcos persas, lo que redujo su total a alrededor de 800. Los griegos, por otro lado, perdieron alrededor de 100 de sus 300 barcos totales. Entonces, nuevamente, mientras que los griegos lograron infligir grandes bajas a sus oponentes, parecía que podría no importar. Los números persas, muy superiores, seguían siendo solo eso, y había pocos, si es que había alguno, barcos adicionales que se podían agregar a la refriega para ayudar a reforzar la fuerza de combate griega.

Sin embargo, de manera parecida a la lucha terrestre en las Termópilas, esta batalla ayudó a proporcionar a los griegos una idea de cómo vencer a sus enemigos más numerosos. El primer día de batalla fue exitoso para los griegos porque pudieron atraer a los persas a espacios reducidos y utilizar su técnica de "media luna" para arrinconarlos e infligir grandes daños. Pero lo más importante, esta táctica hizo que los persas superiores en número fueran neutralizados, y los griegos usarían este enfoque posteriormente, en la batalla de Salamina para obtener una victoria decisiva.

Al mirar hacia atrás en este momento de la historia, es fácil ver cómo este periodo, las pérdidas duales en las Termópilas y Artemisio, fue un verdadero punto de inflexión en la guerra general, pero en ese momento, no se había visto de esta manera. Los persas habían logrado marchar hasta Grecia, y los habían derrotado en lo que se suponía que era la última posición de los griegos, poniendo en un tremendo peligro el destino de todo el mundo griego.

Capítulo 6: Después de la Batalla de las Termópilas

La batalla de las Termópilas ciertamente fue un gran ejemplo de una última posición heroica de personas que vieron que el destino de su civilización estaba en la balanza. Esto, más el hecho de que el rey espartano dio su vida por su pueblo y su tierra natal, algo que a la multitud siempre le gusta, es parte de la razón por la cual la batalla de las Termópilas se ha hecho tan famosa con los años.

Sin embargo, es muy posible que esta batalla no se hubiera hecho tan famosa si no fuera por los eventos que tuvieron lugar en las semanas posteriores a la batalla, específicamente las batallas de Salamina y Platea. Estas dos batallas no solo resultaron en resonantes victorias griegas que derrotaron a Jerjes y pusieron fin a la amenaza de la invasión persa, sino que también inclinaron completamente la balanza a favor de los griegos en el conflicto más grande conocido como las guerras greco-persas.

Esto se debe principalmente a que estas dos batallas fueron los primeros casos en que los griegos lograron poner en práctica las lecciones que habían aprendido mientras luchaban en las Termópilas y el Artemisio, y esto proporcionó evidencia de que el ejército griego era de hecho mucho más fuerte que el de los persas, a pesar de que era considerablemente más pequeño.

La Batalla de Salamina

Después de ser derrotado y obligado a retirarse, la península de Eubeo quedó abierta para los persas. Aterrizaron en Eubea y saquearon la mayor cantidad de tierra que pudieron encontrar antes de mudarse a Beocia para hacer lo mismo. Los persas estaban apuntando a ciudades que aún no se habían sometido a ellos, una de las cuales era Platea, el sitio de una batalla decisiva.

Una vez que hicieron esto, Atenas quedó abierta de par en par, y viendo que los persas venían, la mayor parte de la ciudad fue evacuada a la cercana isla de Salamina. Cuando los persas llegaron a Atenas, incendiaron la ciudad, destruyendo la mayoría de sus edificios emblemáticos y monumentos importantes.

Esto significaba que la próxima entrega de las guerras greco-persas, que tendría lugar en el otoño de 480 a. C., sería una batalla naval, ya que los persas tendrían que usar su flota para destruir a los que quedaban en Salamina y navegar por el Peloponeso y atacar Esparta, que habría sido el último objetivo de la campaña de Jerjes.

Originalmente, los griegos planeaban enfrentarse a los persas en el golfo Sarónico, el cuerpo de agua cerca de la costa occidental de Ática, pero Temístocles, el líder ateniense responsable de comandar la flota griega, decidió que sería mejor asumir una posición defensiva en el estrecho de Salamina, que era un cuerpo de agua mucho más estrecho.

Esta estrategia fue un resultado directo de lo que sucedió en Artemisio. Los griegos tuvieron éxito cuando pudieron atraer a los persas a pequeños tramos de agua, ya que esto neutralizó sus números superiores y les dio a los griegos una mejor oportunidad.

Al final, este movimiento terminó siendo brillante. Los persas, ansiosos por continuar sus victorias en las Termópilas y el Artemisio, siguieron a los griegos al estrecho, y los griegos lograron infligir grandes daños, destruyendo la mayor parte de la flota persa. Muchos historiadores ven esta agresión de Jerjes como un error porque probablemente podría haber tomado la isla sin entrar en el estrecho, pero es posible que estuviera mirando hacia la campaña en el Peloponeso y quisiera intentar destruir la flota griega para hacer su viaje. más fácil.

Sin embargo, los griegos habían usado los eventos de la batalla de Artemisio para desarrollar e implementar una estrategia que demostró ser tremendamente efectiva. Derrotar a la flota persa significaba que la mitad de su trabajo estaba hecho, pero aún quedaba la cuestión del enorme ejército persa que se preparaba para marchar más lejos en Grecia.

La Batalla de Platea

Con las Termópilas perdidas, el ejército griego se retiró al istmo de Corinto para tomar una posición defensiva. Junto con soldados adicionales de Esparta, Corinto y varias otras ciudades-estado griegas, los griegos estaban en una posición mucho mejor para defenderse. Además, el estrecho istmo proporcionó una ventaja similar a las Termópilas, ya que había muy poco espacio para maniobrar, algo que les habría dado a los griegos una ventaja significativa.

Sin embargo, los persas sabían esto, y Mardonio, el comandante persa que quedó a cargo después de que Jerjes se marchara tras la batalla de Salamina, decidió no marchar sobre el istmo de Corinto, con la esperanza de sacar a los griegos a la intemperie donde los persas pudieran usar sus números a su favor. También trató de ofrecer paz y autogobierno a los atenienses, y cuando se negaron por primera vez, Mardonio despidió a Atenas nuevamente y luego intentó una vez más ofrecer la paz.

Cuando hizo esto, los atenienses hicieron algo interesante. Todavía frustrados con los espartanos por no ser más agresivos en su estrategia (recuerden, solo contribuyeron con sus 300 hombres a la pelea en las Termópilas), los atenienses enviaron un mensajero a

Esparta diciéndoles que iban a aceptar los términos de los persas, lo cual significaría convertir Atenas en una ciudad persa. Esto no solo asustó a Esparta porque significaba que su aliado más poderoso se estaba rindiendo, sino que también significaba que los espartanos habrían quedado completamente vulnerables a los ataques. La mayor parte de la flota griega estaba compuesta por barcos atenienses y sin ellos la flota persa restante habría quedado libre para saquear la costa del Peloponeso y apoyar una invasión terrestre a gran escala de Esparta y sus territorios.

La táctica ateniense funcionó, y los espartanos reunieron a uno de sus ejércitos más grandes, unos 45.000 soldados, para salir y enfrentar a los persas. Esta gran incorporación a la fuerza griega significaba que el ejército griego ahora contaba con alrededor de 70.000 hombres en total. Al combinarlo con las grandes pérdidas que los persas habían sufrido en las Termópilas, esto significaba que ambas partes eran ahora aproximadamente iguales, lo que, teniendo en cuenta la ventaja griega en términos de estilo de lucha y armamento, significaba que los griegos ahora tenían la ventaja.

El pueblo de Platea es pequeño y se encuentra en Tesalia. Detrás hay montañas altas que dan paso a colinas ondulantes, y al norte de la ciudad se encuentra el río Asopos. Los persas acamparon al norte, mientras que los griegos lo hicieron al sur del río. Después de unos días de estancamientos y escaramuzas, los griegos bajaron la colina para tomar una mejor posición y asegurar una fuente de agua, pero algunos errores en el movimiento de las tropas hicieron que Mardonio pensara que los griegos estaban atacando, por lo que ordenó a sus tropas que contratacaran. La batalla que derivó de aquello fue sangrienta y terminó con una rotunda victoria griega. Una vez más, la falange resultó ser demasiado para el ejército persa, y se estima que alrededor de 40.000 soldados persas fueron asesinados en comparación con tan solo 10.000 griegos.

Después de su derrota, los persas retrocedieron. Estando ahora en una posición más desfavorecida, temían que los griegos intentaran destruir los puentes de pontones que Jerjes había construido sobre

Helesponto para que los persas quedaran atrapados y luego destruirlos. Los griegos los siguieron y obtuvieron varias victorias en todo el norte del Egeo, expulsando a los persas de Europa y poniendo fin a la amenaza de invasión de una vez por todas.

Conclusión

Es importante estudiar estas dos batallas porque ayudan a mostrar cómo la batalla de las Termópilas realmente fue un punto de inflexión. La historia de Leónidas y sus 300 soldados luchando hasta la muerte no solo viajó por todo el mundo griego y elevó la moral, sino que la batalla, combinada con la lucha en Artemisio, proporcionó a los griegos un plan para vencer a los persas, a pesar de ser superados numéricamente.

Esta estrategia, utilizando *la técnica de la falange* en áreas estrechas, se convirtió en el principal método de compromiso durante el resto de la guerra, que duró otros 30 años. Sin embargo, el siguiente segmento de la guerra se caracterizó por una agresión mucho más griega, específicamente ateniense, ya que Atenas utilizó su nueva posición en la cima del mundo griego para expandir su influencia en Grecia, así como en Asia occidental y Egipto.

Es por esto que la batalla de las Termópilas se considera una de las derrotas militares más importantes no solo en la historia griega, sino en la historia mundial. Además, después de esta batalla y la derrota de los persas, los griegos entraron en una era dorada en la que la ciencia, la filosofía y el gobierno florecieron de una manera que afectaría dramáticamente el desarrollo del resto del antiguo mundo.

Capítulo 7: Los Ejércitos Griegos y Persas

Otra razón por la cual la batalla de las Termópilas se considera un momento tan importante en la historia, es porque marcó un cambio de guardia en términos de la antigua supremacía militar. Antes de que Jerjes marchara hacia Grecia, los persas tenían el ejército más fuerte del mundo. Había ganado campañas en todo el oeste de Asia, así como en el norte de África, y esto había permitido que los reyes persas hicieran crecer uno de los imperios más grandes en la historia del mundo.

Se pensaba que la primera invasión realizada por Darío I había fallado debido a preparaciones inadecuadas y mala suerte, pero nadie en ese momento pensó que Jerjes tendría problemas para conquistar Grecia. De hecho, se cree que se fue después de la batalla de Salamina en gran parte, porque había sentido que la guerra había llevado demasiado tiempo y necesitaba atender al resto de su imperio.

Sin embargo, después de la batalla de las Termópilas, los persas fueron esencialmente ineficaces contra los griegos. Perdieron batalla tras batalla, y no fue hasta 460 a. C. que los persas lograron vencer a los griegos en el campo de batalla, lo cual ocurrió en Egipto, donde los griegos quedaron en una posición bastante precaria.

Entonces, ¿qué fue lo que hizo a los griegos mucho más fuertes? ¿Y qué había hecho que los persas fueran tan fuertes, pero tan ineficaces, contra los griegos durante la invasión? Resulta que había tres factores principales: el armamento griego, la técnica de la falange y, en menor medida, la lealtad.

Los Militares Persas

La parte más conocida del ejército persa eran los Inmortales. Estos soldados profesionales bien entrenados obtuvieron su nombre porque la ley persa dictaba que la fuerza siempre tuviera exactamente 10.000 hombres. Esto significaba que cuando un Inmortal caía, otro sería enviado a las líneas para reemplazarlo, manteniendo el número en 10.000 y dando la ilusión de que esta fuerza en particular era "inmortal".

En comparación con las fuerzas de combate encontradas en otras partes del mundo antiguo, los Inmortales eran muy superiores. Fueron entrenados en Susa para ser soldados profesionales, y tenían un excelente historial en varios conflictos en todo el oeste de Asia.

Sin embargo, en comparación con los griegos, los Inmortales no estaban tan bien equipados. La mayoría de las unidades de élite, las encargadas de proteger al rey y otros oficiales militares de alto rango, probablemente usaban cascos y escudos de bronce, pero el resto de los Inmortales usaban armaduras de escamas debajo de túnicas de tela, y portaban lanzas cortas, arcos y espadas de hierro como armas. Sus escudos estaban hechos de mimbre y envueltos en cuero, lo cual habría sido efectivo contra la mayoría de los otros ejércitos, pero no fueron tan efectivos contra las lanzas griegas.

Los Inmortales estaban compuestos casi exclusivamente por iraníes, aquellos que pertenecían al grupo étnico persa, así como a los medos. Los iraníes y los medos también se utilizaban para formar parte de la infantería ligera del ejército persa, como la Sparabara y la Takabara. A diferencia de los Inmortales, estos soldados no eran profesionales y eran seleccionados de la población persa en general. Llevaban escudos de mimbre y lanzas cortas, y a menudo iban acompañados de arqueros que disparaban flechas sobre sus cabezas hacia las líneas enemigas como fuego de artillería antes de que comenzara oficialmente el ataque.

Más allá de estos tres grupos, Sparabara, Takabara e Inmortales, el resto del ejército persa consistía en reclutas que provenían de todo el imperio. Cada vez que los persas conquistaban un nuevo territorio, requerían que sus reyes subyugados o gobernadores regionales (sátrapas) proporcionaran un cierto número de tropas, y cuando los reyes persas iban a la guerra, a menudo llamaban a las distintas provincias dentro del imperio para proporcionar aún más tropas. Estos ejércitos se llamaban ejércitos satrapales, y constituían una gran parte de la fuerza militar persa. Durante la invasión de Grecia bajo el mando de Jerjes y la batalla de las Termópilas, es probable que estos ejércitos satrapales realmente compusieran la mayor parte de la fuerza persa. Más tarde, después de que Jerjes regresara a Asia, muchos de estos soldados regresaron a casa. Llamar a los sátrapas para que aporten tropas continuó siendo una costumbre, pero nunca más un emperador persa intentaría construir un ejército tan grande como el que Jerjes formó para invadir Grecia.

Típicamente, de estos ejércitos satrapales, los medos constituían la porción más grande, lo cual tiene sentido teniendo en cuenta que los medos eran étnicamente similares y, por lo tanto, estrechamente alineados con los persas. Sin embargo, entre las filas persas, uno podría encontrar no solo persas y medos, sino también asirios, árabes, bactrianos, fenicios y egipcios, así como muchos otros. Curiosamente, cuando Jerjes invadió Grecia, su ejército también estaba formado por griegos jonios.

Debido a esto, es lógico cuestionar la lealtad de los soldados bajo el mando de Jerjes. Los medos probablemente habrían sido los más leales, pero más allá de eso, la fidelidad dependía mucho del momento. Tanto los fenicios como los egipcios contribuyeron con un número significativo de tropas para la guerra, pero ambas culturas se rebelaron con frecuencia contra los persas. Además, es difícil creer que los jonios se hubieran visto excepcionalmente obligados a luchar contra sus parientes. De hecho, durante la batalla de Platea, Heródoto habla de cómo los jonios "lucharon mal", lo que indica que simpatizaban con sus hermanos griegos y no querían causarles demasiado daño.

Es imposible saber qué grupos fueron los que lucharon en la batalla de las Termópilas, pero sabemos que los medos y los Inmortales se usaron ampliamente, y el hecho de que los griegos los resistieran tan bien habría hecho que Jerjes se detuviera. Sin embargo, como sabemos, continuó con el ataque y finalmente pudo expulsar a los griegos de su posición.

La otra parte del ejército persa que jugó un papel en la batalla de las Termópilas fue la armada. Cuando Persia llegó al poder por primera vez, no tenía mucha armada. Al ser una nación sin litoral, no era necesario. Sin embargo, después de conquistar las ciudades-estado fenicias y Egipto y poner sus ojos en tierras más lejanas, Darío I comenzó a construir una flota utilizando la ciudad fenicia Sidón como base para aprender técnicas de construcción naval y producir una flota. Con el tiempo, a medida que el imperio creció, más y más ciudades comenzaron a aprender la construcción naval, y en el momento de la invasión de Grecia, Persia tenía una de las armadas más grandes del mundo antiguo. Sin embargo, a Persia le faltaban marineros, por lo que muchos de sus barcos estaban tripulados por fenicios, egipcios o griegos. Esto era una ventaja porque permitía a los persas hacer uso de las habilidades marítimas de estas personas, pero también era una desventaja porque significaba que la gran mayoría de la armada persa no era en realidad persa.

El Ejército griego

Al igual que los persas, al comienzo de las guerras greco-persas, los griegos tenían una tradición militar bien desarrollada. Sin embargo, a diferencia de los persas, no estaban familiarizados con la formación de grandes ejércitos. Los espartanos habían ganado fama en el mundo griego como soldados de primer nivel, pero debido a sus formas aislacionistas, nunca habían sido realmente probados contra un adversario extranjero.

Sin embargo, los griegos tenían algunas ventajas clave que, como hemos mencionado, se hicieron evidentes durante la batalla de las Termópilas. Lo primero que ayudó a distinguirlos fue su fuerte tradición metalúrgica. Los soldados de a pie griegos, conocidos como hoplitas, estaban equipados con un casco de bronce, un peto y un escudo, y esto les proporcionó mucha más protección que la armadura de escala y los escudos de mimbre usados y utilizados por los persas. Además, los hoplitas llevaban lanzas más largas con punta de hierro, y esto les permitía defenderse de los soldados que se acercaban mucho más fácilmente, ya que no tendrían que entablar un combate cuerpo a cuerpo con su enemigo.

Típicamente, los hoplitas no eran soldados profesionales. Eran personas comunes que abandonarían sus deberes diarios y se unirían al ejército cuando fuera necesario defender su ciudad, también conocida como la polis. Se les exigió comprar y mantener su propia armadura, y su entrenamiento fue mínimo. Sin embargo, debido a que fueron a la guerra en defensa de su propia patria, tendieron a luchar bien.

Los únicos soldados verdaderamente profesionales en el ejército griego eran los espartanos. Estos hombres eran ciudadanos espartanos, lo que significa que podían rastrear su ascendencia hasta los habitantes originales de Esparta, y pasaban la mayor parte de su entrenamiento infantil en la agogé, que era una escuela militar especializada. A los niños que entrenaban allí se les enseñaba a ser buenos soldados, pero también se les enseñaba a ser leales y fieles entre sí. Esto se debía a que los griegos siempre lucharon en la falange, lo que requería que todos los soldados no solo se movieran juntos como uno solo, sino que confiaran en que otros les brindarían la protección que necesitaran para luchar.

Los 300 espartanos que fueron a defender las Termópilas y que finalmente murieron en el último día de batalla eran todos espartanos. Leónidas, tratando de mantener la artimaña de que iba a una mera "expedición", solo llevó a sus mejores soldados con él, y esto ha ayudado a contribuir a la tradición que rodea la batalla. La idea es que estos espartanos estaban tan bien entrenados y eran tan buenos soldados que solo ellos podían resistir a los persas.

En general, no es nada malo que los espartanos fueran excelentes soldados, pero esta no es la razón por la que tuvieron tanto éxito contra los persas en los primeros días de lucha en la batalla de las Termópilas.

La razón por la que tuvieron tanto éxito fue porque eran expertos en la formación de falanges. La falange no es más que una serie de soldados. Por lo general, tenía entre ocho y diez filas de profundidad, y la línea podía extenderse hasta un cuarto de milla. Sin embargo, la razón por la que resultó ser tan eficaz fue por los escudos y lanzas utilizados por los hoplitas. La primera fila de la falange formaría una pared usando sus escudos, y la segunda fila usaría sus lanzas para proporcionar una combinación efectiva de ataque y defensa. Los que estaban parados en la parte posterior de la falange corrían menos peligro, pero eran responsables de ayudar a asegurarse de que la falange no fuera empujada hacia atrás. Es una formación militar bastante simple, pero demostró ser bastante efectiva contra los persas.

Una gran razón por la que los griegos no sabían realmente la ventaja que tenían sobre los persas, era porque la guerra griega temprana involucró ejércitos de hoplitas que se reunían en campos abiertos predeterminados y luchaban por una decisión, lo cual entrañaba que los ejércitos no se perseguirían entre sí después de una victoria, eligiendo en su lugar aceptar el resultado de la batalla como final. Esta tradición se desarrolló porque la mayoría de las ciudades no tenían una población lo suficientemente grande como para apoyar campañas militares extendidas. Los griegos rara vez se enfrentaron entre sí en terrenos como el de las Termópilas, y por esa razón, es muy posible que no entendieran completamente la ventaja que la falange les proporcionaba en espacios cerrados, aunque esto es algo que la mayoría de los estrategas militares de hoy podrían ver bastante claro. Sin embargo, después de la batalla de las Termópilas, la superioridad de la falange se hizo evidente y se convirtió en la piedra angular de la estrategia griega contra el avance de los persas.

En términos de una armada, los griegos confiaban mucho en los atenienses. Atenas había sido una potencia naval en los siglos previos a las guerras greco-persas, en gran medida porque dependía del comercio con ciudades alrededor del Egeo. La nave principal que se usó se llamó trirreme. Esencialmente, las galeras, estos barcos podían albergar a casi 200 personas, y requerían unos 170 remeros. Tenía tres bancos o niveles de remos, y esto hizo del trirreme un barco muy ágil en espacios cerrados, algo que resultó ser una ventaja tanto en la batalla de Artemisio como en la batalla de Salamina.

Conclusión

Después de la batalla de Maratón, la batalla decisiva que tuvo lugar durante la invasión inicial de Grecia por Darío I, los griegos captaron que el hoplita era la unidad superior. Sin embargo, después de la batalla de las Termópilas, quedó claro que cuando se colocaba en una falange en espacios reducidos, era muy difícil, o casi imposible, vencer a los griegos y, más aún, a los espartanos. La línea en las Termópilas se mantuvo, y la única razón por la que se rompió fue porque los griegos fueron traicionados y los persas fueron informados de una ruta alrededor del paso.

Como estudiantes de historia, nunca deberíamos olvidar la gran hazaña que esto fue realmente, teniendo en cuenta que, al comienzo de la guerra, se consideraba que los persas tenían el mejor ejército en todo el mundo antiguo. Sin embargo, el terreno jugó un papel importante en la victoria griega, y esto debería servir como un recordatorio de que no importa cuándo o dónde se libra una guerra, el defensor casi siempre tiene la ventaja sobre el invasor.

Conclusión

Deberíamos tener cuidado de glorificar cualquier batalla en la historia humana. Primero, la guerra es un asunto espantoso que debe evitarse a toda costa. Segundo, es difícil mirar una batalla y decir con certeza que tuvo un impacto decisivo en la historia. Por lo general, hay tantas variables diferentes involucradas que es imposible reducir todo a un solo evento.

Sin embargo, la glorificación de la batalla de las Termópilas a menudo es merecida. No porque los griegos ganaran una gran batalla o porque luchaban contra un dictador aborrecible, sino más bien por las imposibilidades que enfrentaron para entrar en la batalla. Primero, el ejército persa que Jerjes había reunido era realmente masivo, y los griegos en la batalla de las Termópilas habían logrado reunir una fuerza de solo unos pocos miles de soldados. Pero las armas superiores, las técnicas de lucha y una ventaja distintiva que proporcionó el terreno ayudaron a nivelar el campo de juego y convertir la batalla de las Termópilas en al menos una victoria moral.

Sin embargo, lo que realmente hizo famosa esta batalla fue la última posición del rey Leónidas y sus 300 espartanos. Ante una muerte segura, Leónidas envió a la mayor parte de la fuerza griega en retirada, pero para evitar que fueran invadidos, él y sus 300 soldados, junto con otros 1.100 soldados, principalmente tebanos y tespios, lucharon hasta que los persas mataron a todos y cada uno de ellos.

No está claro si permitir que estos soldados escaparan realmente influyó en la guerra, pero los esfuerzos de Leónidas y aquellos que lucharon junto a él ayudaron a mostrar al resto del mundo griego que los persas podían haber sido derrotados si hubieran estado en un terreno ventajoso y si los griegos hubieran hecho uso de sus superiores hoplitas y formación de falanges.

Pero al lado de la gloria y el valor de Leónidas y los soldados que lucharon en las Termópilas, toda esta jerga militar sobre cómo la batalla ayudó a los griegos a ganar la guerra realmente no importa. En cambio, lo más importante es que esta batalla fue y sigue siendo uno de los principales ejemplos de lo que haría un ser humano cuando siente que su hogar está bajo una amenaza de ataque.

Lea más libros de Captivating History

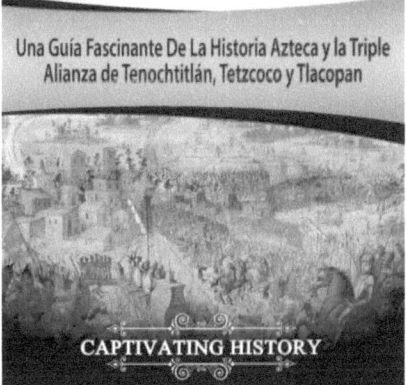

Bibliografía

Carey, Brian Todd, Joshua Allfree, y John Cairns. *Guerra en el Mundo Antiguo* Pen y Sword, 2006.

Farrokh, Kaveh. *Sombras en el Desierto: Un Persa Antiguo en la Guerra*. New York: Osprey, 2007.

Fields, Nic. *Termópilas 480 a.C: La última Batalla de los 300*. Vol. 188. Osprey Publishing, 2007.

Flower, Michael A., and John Marincola, eds. *Herodotus: Historias*. Universidad de Cambridge Press, 2002.

Frost, Frank J., and Plutarchus. *Plutarch's Themistocles: Un Comentario Histórico*. Universidad de Princenton Press, 1980.

Green, Peter. *La Guerras Greco-Persas*. Universidad de California Press, 1996.

www.ingramcontent.com/pod-product-compliance
Lightning Source LLC
LaVergne TN
LVHW042003060526
838200LV00041B/1847